LES PRÉVISIONS MÉTÉO

# LES ÉCLAIRS

Un livre de la collection
Les racines de Crabtree

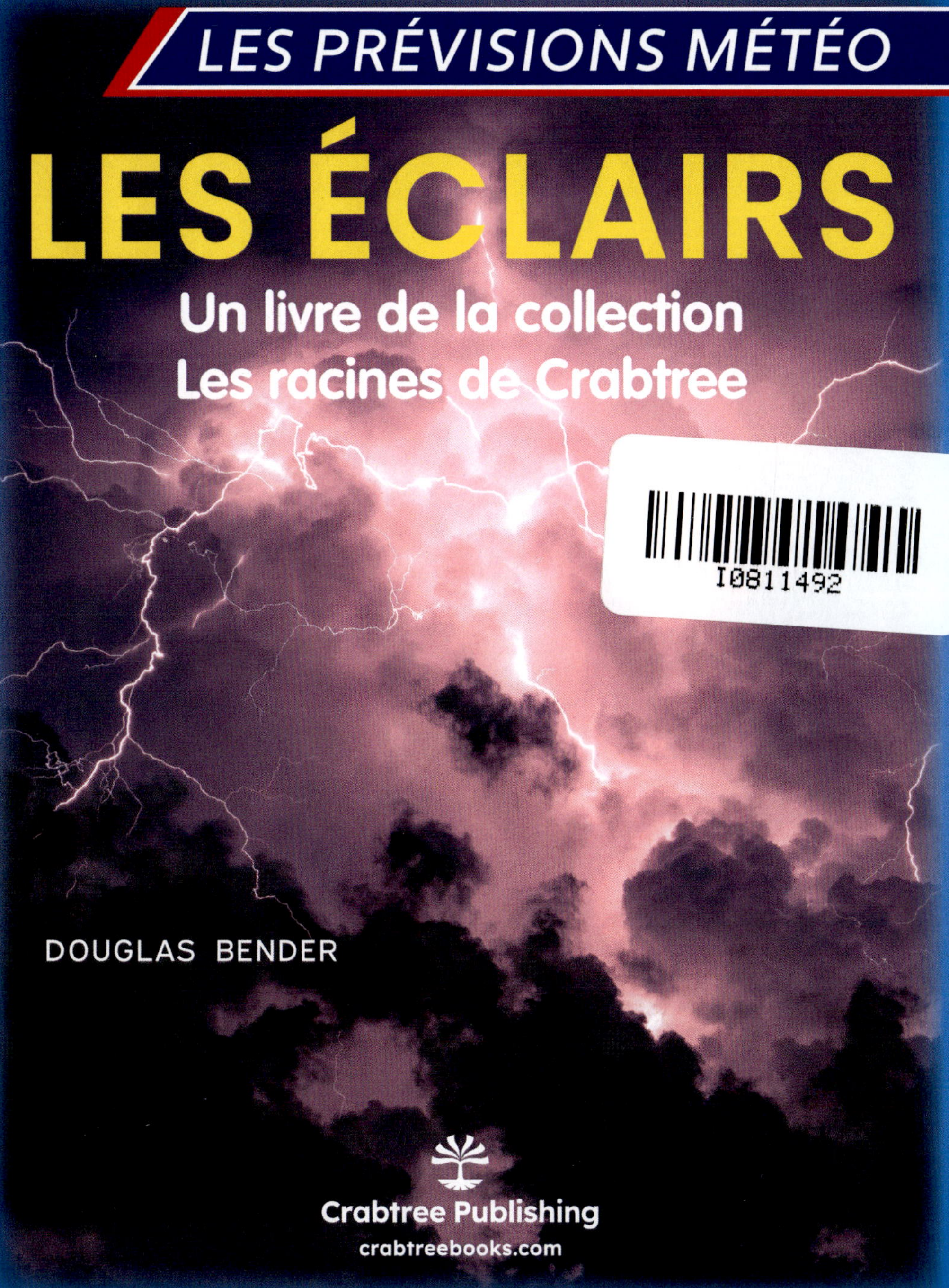



DOUGLAS BENDER

Crabtree Publishing
crabtreebooks.com

# Soutien de l'école à la maison pour les parents, les gardiens et les enseignants

Ce livre aide les enfants à se développer grâce à la pratique de la lecture. Voici quelques exemples de questions pour aider le lecteur ou la lectrice à développer ses capacités de compréhension. Les suggestions de réponses sont indiquées en rouge.

## Avant la lecture

- De quoi ce livre parle-t-il?
  - *Je pense que ce livre parle des éclairs et explique à quoi ils ressemblent.*
  - *Je pense que ce livre explique comment sont faits les éclairs.*
- Qu'est-ce que je veux apprendre sur ce sujet?
  - *Je veux apprendre d'où viennent les éclairs.*
  - *Je veux apprendre comment sont formés les éclairs.*

## Pendant la lecture

- Je me demande pourquoi...
  - *Je me demande pourquoi les éclairs frappent le sol.*
  - *Je me demande pourquoi les éclairs se forment dans les nuages.*
- Qu'est-ce que j'ai appris jusqu'à présent?
  - *J'ai appris que les éclairs sont faits de glace et d'air.*
  - *J'ai appris que les éclairs sont une forme d'électricité.*

## Après la lecture

- Nomme quelques détails que tu as retenus.
  - *J'ai appris que la plupart des éclairs restent dans les nuages.*
  - *J'ai appris que les orages produisent des éclairs.*
- Lis le livre à nouveau et cherche les mots de vocabulaire.
  - *Je vois le mot **orages** à la page 4 et le mot **nuages** à la page 7. Les autres mots de vocabulaire se trouvent à la page 14.*

Une lumière vive
dans le ciel!
Ce sont des **éclairs**.

La plupart des éclairs sont produits pendant les **orages**.

Les éclairs sont faits de **glace** et d'air.

Les éclairs se forment dans les **nuages**.

Les éclairs sont une forme d'**électricité**.

La plupart des éclairs restent dans les nuages.

Certains éclairs frappent le **sol**.

# Liste de mots

## Mots courants

| | | |
|---|---|---|
| ce | faits | se |
| certains | frappent | sont |
| dans | la | une |
| de | le | |
| et | produits | |

## La boîte à mots

**éclairs**

**électricité**

**glace**

**nuages**

**orages**

**sol**

# 53 mots

Une lumière vive dans le ciel!
Ce sont des **éclairs**.

La plupart des éclairs sont produits pendant les **orages**.

Les éclairs sont faits de **glace** et d'air.

Les éclairs se forment dans les **nuages**.

Les éclairs sont une forme d'**électricité**.

La plupart des éclairs restent dans les nuages.

Certains éclairs frappent le **sol**.

# LES ÉCLAIRS

## Crabtree Publishing

crabtreebooks.com 800-387-7650



Au Canada : Nous reconnaissons l'appui financier du gouvernement du Canada par l'entremise du Fonds du livre du Canada pour nos activités de publication.

**Catalogage avant publication de Bibliothèque et Archives Canada**

Titre: Les éclairs / Douglas Bender ; texte français d'Annie Evearts.
Autres titres: Lightning. Français.
Noms: Bender, Douglas, auteur.
Description: Mention de collection: Les prévisions météo | Les racines de Crabtree | Traduction de : Lightning. | Comprend un index.
Identifiants: Canadiana (livre imprimé) 2021026960X | Canadiana (livre numérique) 20210269626 | ISBN 9781039606746 (couverture souple) | ISBN 9781039606807 (HTML) | ISBN 9781039606869 (EPUB) | ISBN 9781039606920 (livre numérique avec narration)
Vedettes-matière: RVM: Foudre—Ouvrages pour la jeunesse. | RVMGF: Documents pour la jeunesse.
Classification: LCC QC966.5 .B4614 2022 | CDD j551.56/32—dc23

**Publié au Canada**
**Crabtree Publishing**
616 Welland Ave.
St. Catharines, Ontario
L2M 5V6

**Publié aux États-Unis**
**Crabtree Publishing**
347 Fifth Avenue
Suite 1402-145
New York, NY, 10016

Auteur : Douglas Bender
Conception : Rhea Wallace
Développement de la série : James Earley
Correctrice : Janine Deschenes
Conseils pédagogiques : Marie Lemke M.Ed.
Traduction : Annie Evearts
Références photographiques :
Shutterstock : MDL80 : couverture ; DesiDrew Photography : p. 1; Kevin Pitcel : p. 3, 14; Tracy Keretesn : p. 4-5, 14; Serg Zastavkin : p. 6, 14; Cary Meltzer : p. 7, 14; sarintra chimphoolsuk : p. 9, 14; Frank L. Junior : p. 10; Dmytro Balkhovitin : p. 13

| | |
|---|---|
| Paperback | 978-1-0396-0674-6 |
| Ebook (pdf) | 978-1-0396-0680-7 |
| Epub | 978-1-0396-0686-9 |
| Read-along | 978-1-0396-0692-0 |
| Audio book | 978-1-0396-0698-2 |

Imprimé au Canada/032024/20240312